¡FEST

EL DÍA DE LOS MUERTOS

por Lily Austen

TABLA DE CONTENIDO

PALABRAS A SABER

bailamos

desfile

encendemos

nos disfrazamos

nos pintamos

velas

EL DÍA DE LOS MUERTOS

¡Es el Día de los Muertos!

foto

Recordamos.

Encendemos velas.

Traemos comida.

Nos pintamos las caras.

¡Nos disfrazamos!

Bailamos.

Vemos un desfile.

¡Qué divertido!

¡REPASEMOS!

El Día de los Muertos es el 1 y 2 de noviembre. La gente recuerda a sus seres queridos que han muerto. ¿Cómo está celebrando esta familia?

ÍNDICE